王钢侃成语

王　钢/著　皮痞祖/绘

心中有数

成语家的数字宝宝

中国纺织出版社
国家一级出版社
全国百佳图书出版单位

内 容 提 要

本书以创新的方式和思维解读成语，让孩子对成语中的人和事产生共通的感情，让孩子有充分的带入感，加深对成语的理解。每个成语后面都附有成语的出处、解释和成语的使用，让孩子不仅在轻松快乐的氛围下学习成语，更能从中获取大量的成语知识。

图书在版编目（CIP）数据

心中有数：成语家的数字宝宝 / 王钢著. — 北京：中国纺织出版社，2018.7
（王钢侃成语）
ISBN 978-7-5180-4866-3

Ⅰ. ①心… Ⅱ. ①王… Ⅲ. ①汉语 - 成语 - 儿童读物
Ⅳ. ① H136.31-49

中国版本图书馆 CIP 数据核字（2018）第 066601 号

策划编辑：汤　浩　　　　责任印制：闫重莉

中国纺织出版社出版发行
地址：北京市朝阳区百子湾东里 A407 号楼　邮政编码：100124
销售电话：010—67004422　传真：010—87155801
http: //www.c-textilep. com
E-mail: faxing@c-textilep. com
中国纺织出版社天猫旗舰店
官方微博 http://weibo.com/2119887771
北京顶佳世纪印刷有限公司印刷　各地新华书店经销
2018 年 7 月第 1 版第 1 次印刷
开本：710×1000　1/16　印张：5
字数：30 千字　定价：29.80 元

序言

我只是想，把鱼儿放回水里

中国小孩儿，对成语是熟悉的。

要抄写要听写，要填空要造句……作文写不好？那是因为你的词儿太少，来来来，抄好词好句，特别是要多积累成语！不知道哪个是成语哪个不是成语？好办啊，四个字儿的，一个也不要放过！

我的一个同学，就超级用功。他一有空，就吭哧吭哧地抄成语词典，再哇哩哇啦地背下来。我对他的精神十分佩服，但是要向他学习？我才不干。有那功夫，我宁可把一百单八将的名字和绰号默写下来，回味好汉们的种种英雄行为，摩拳擦掌，不亦乐乎？

中国的小孩儿，对成语又不是真的熟悉。

看拼音写词语？会写。把成语补充完整？会填。根据意思来选择适合的成语？也会选啊。

可是，到了说话写文，就剩抓耳挠腮、张口结舌了。

奇了怪了，那些下了好大功夫搬到练习册和测试卷上的成语，怎么就好像丢到了爪哇国？

你看，那位超级用功的同学，抱歉，我已经记不得他的名字了。但是有一条是肯定的，他的作文没我写得好。

这是为什么？

我常常觉得，每一个成语，就好像是一条鱼。

每一条鱼都有自己的模样，每一条鱼都有自己的气质。

我闭上眼睛，浮想联翩……

同样是好看，却各有各的好看。

“亭亭玉立”该是挺苗条的，可能是绿色的，淡淡的那种绿。她很安静，就算是笑一笑，也是悄然无声。你还没瞧仔细呢，忽然一转身，她就离开了，只留下一抹俏丽的背影。

“倾国倾城”就不一样了，她必须张扬，必须热烈，必须是让人目眩神迷，是那成千上万的士兵在特洛伊城下看到海伦，便觉得为这样的女子而进行十年的艰苦战争也心甘情愿。

同样是威武，却各有各的威武。

“一身是胆”，英气逼人，有“虽千万人，吾往矣”的豪迈。

“不入虎穴，焉得虎子”，则有清晰的思路，更有当机立断的勇气。

每一条鱼，都是生动的。

因为无论是在口耳相传的故事中，还是在脍炙人口的文学作品里，抑或是我们的谈笑风生之中，成语都是活的。

可是，当我们为了应付考试而去死记硬背时，这些成语就变了。

见过离开了水的鱼儿么？

童年的记忆，仿佛刻在石头上。

童年的阅读，是水火也难磨灭的。

我的第一本正儿八经的读物，应该就是一本连封面都残缺不全的《成语故事》。直到今天，那每一段文字、每一幅插画，细细回想仍历历在目。这本书在我的心里种下的，岂止是语文的种子？

读懂成语，也是在了解历史；了解历史，也是在认识人物；认识人物，也是在体味精神；体味精神，更是在传承文化……

我总是想啊，怎样把鱼儿放回水里？

孩子们啊，成语虽然古老，但依然鲜活；虽然严肃，却颇有趣味。

我不想重复“成语故事”。

我更不想假装解释成语。

我只是想帮助孩子们以最轻松的方式去重新感悟成语——在今天的语境中，品味经典的智慧，宛如尽情畅游在横无际涯的海洋。

王钢

2018 年 4 月

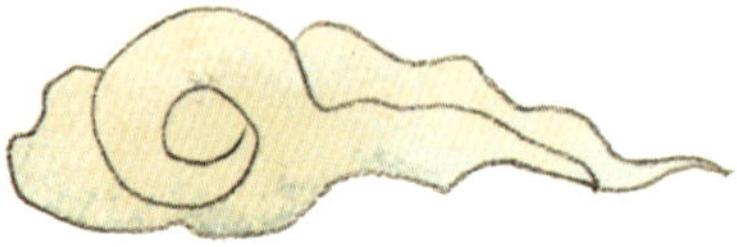

目录

一

五十步笑百步

你知道的，我是个很棒很棒，嗯……也很帅气的语文老师。有那么一天啊，我发现两个孩子没写完作业。一个，少写了两道题；另一个，少写了一道题。我就很严肃很严肃地说：“写作业是你们的责任，现在你们却没有负起自己的责任，那么，你们该怎样负起自己‘没有负起责任’的责任？”可能你听不太懂啊，没办法，我的语言能力就是这么厉害，随便一讲就能让你头晕。结果那个少写了一道题的孩子不服气了，说：“可是他少写了两道，我少写了一道，我跟他那是不能相提并论的。”本来很严肃很严肃的我立马就笑了，说：“你啊，这是五十步笑百步！”

其实，“五十步笑百步”是我小时候最不理解的成语。那时候，我知道这个成语是从成语故事书上看到的。书上说，两国交战，刚一开战，有的士兵就撒腿逃跑，一口气跑了一百步才停下来；有的士兵呢，也撒腿逃跑，一口气跑了五十步就停下来。于是，那跑了五十步停下的士兵就嘲笑那些跑了一百步停下的士兵胆小。这，就是五十步笑百步。

我不懂，凭什么不能笑啊？跑一百步就是比跑五十步看上去胆小啊。

直到我长大了，经历了

很多事情，才大概明白过来这个成语更深层次的含义。没错，跑一百步是比跑五十步好像胆小一些，但是从这件事情的本质来看，无论你跑了多少步，都是逃跑啊！在战场上，士兵的任务是奋勇向前，哪儿能撒腿就逃？错就是错了，无论程度如何，性质是一样的。

在我们的生活里，可是有太多这样的事儿了。

有人经常闯红灯，你呢，偶尔闯了一次红灯，为自己辩解："我比那些人强多了……"这就是五十步笑百步啊。说得严重一点儿，那车要是撞了人，可不管你是第几次闯红灯！

你看，原则就是原则，不违反，就是不违反。咱们，可不能自欺欺人地"五十步笑百步"！

【成语溯源】

《孟子·梁惠王上》："填然鼓之，兵刃既接，弃甲曳兵而走。或百步而后止，或五十步而后止。以五十步笑百步，则何如？"

【成语释义】

作战时，后退了五十步的人讥笑后退了百步的人。比喻自己跟别人有同样的缺点错误，只是程度上轻一些，却毫无自知之明地去讥笑别人。

【举一反三】

近义词：半斤八两

反义词：天壤之别

二

一朝被蛇咬，十年怕井绳

有个成语叫“一朝被蛇咬，十年怕井绳”。简单地说就是被蛇咬了一次的人，见到粗粗的井绳也以为是蛇，都会绕着走。这个词儿啊，是形容一个人经历过挫折后胆小怕事儿，有那么一丢丢的看不起在里面。

我倒是觉得，“害怕”才是驱动人类进化的一种很重要的情绪。你说吧，当人类还是原始人的时候，刚刚从树上下来，没有称手的工具，不会盖房子，面对的是变幻莫测的大自然和神出鬼没的野兽，害怕是一定会有的。哪有不害怕的原始人呢？就是我们现在说的傻大胆儿，也是有的。但是这样的原始人，看见打雷不知道害怕，遇到野兽不管自己几斤几两，直接冲上去搏斗，他们一定会比那些胆小的人死得早啊，早到他们还没来得及生下自己的孩子，他们这种无所畏惧的基因就没办法遗传下来。那些留下了后代的，都是知道害怕、会保护自己、谨小慎微的人，就是那些被蛇咬了一口，看见井绳也加着小心的人。

正是害怕让我们的祖先在恶劣的环境中保全自己，生存了下来。只不过和原始人比起来，我们克服害怕的办法多了很多。怕黑，就学会了取火，发明了电灯；怕冷，就盖房子；怕自己不够强大，就制造工具，制造武器。如果不是害怕，怎么会有这些发明和发现呢？

这样说起来，“一朝被蛇咬，十年怕井绳”是人类的正常反应才对。这不叫胆小怕事儿，这叫吸取经验教训。

害怕并不可耻，可耻的是，如果被蛇咬了一下，因为害怕就再也不出门，再也不走路。真正的勇敢，并不是无所畏惧，而是即使害怕仍然努力克服恐惧继续前进。希望你在生活中是真正的勇士，有“一朝被蛇咬，十年怕井绳”的谨慎，也永远有“虽千万人，吾往矣”的勇敢。

【成语溯源】

《初刻拍案惊奇》卷一：“一年被蛇咬，三年怕草索。说到货物，我就没胆气了。”

【成语释义】

比喻遭过一次伤害以后就害怕遇到同样或类似的事物或事件。

【举一反三】

近义词：谈虎色变；一年被蛇咬，三年怕草索

造句：南星摸着头上的大包，颇有点儿“一朝被蛇咬，十年怕井绳”的神气。

三

无家可归

什么时候你感觉最幸福？也许是被爸爸妈妈抱在怀里，也许是享用美味大餐，也许是得到了老师的赞许，也许是痛痛快快地踢了一场球然后舒舒服服地躺在草地上看天上的云……

而我觉得，每天走在回家的路上，最幸福。

因为我忽然想到了“无家可归”。

更多的时候，我是在新闻里看到或听到这个词儿的，一般来说，是报道战争或者类似风暴、地震等灾难的新闻，在新闻的尾声，主播会说一串数字，多少人死亡，多少人失踪，多少人无家可归。

以往，我对“无家可归”这个词儿是没什么感觉的。我会想，哦，还好啊，比死亡、失踪要强多了。至少，还活着。

可是，你能想象那流落街头的痛苦吗？有多少人在自己拥有一个温暖的家，一个安全的房屋时，心存感恩呢？

三年前的中秋节，我是在蒙古国的乌兰巴托度过的。就在我住的那家酒店外面，有一条坑坑洼洼的小路，路上有一个没有盖盖子的窨井，也就是下水道的口。那时，当地已经非常冷了，冷得就算是在中午我也得穿上毛衣再套上一件厚外套。而那个早上，我亲眼看到一个衣衫褴褛的人从那个井口冒出来，瑟瑟发抖。

就在那一刻，我分外想家。

有这么一个流传很广的故事，说的是一个孩子离家出走，路边小摊儿的

阿姨为她煮了一碗馄饨。饥寒交迫的孩子捧起来就吃，连声对阿姨说谢谢，说：“阿姨你对我真好。”

阿姨却说：“可是你妈妈为你做的饭远比这一碗馄饨要多得多啊……你可曾对她说过谢谢？”

孩子沉默了，泪水夺眶而出，放下碗，她立即走上了回家的路。

亲爱的你，请珍惜你的家。

【成语溯源】

唐·陆贽《平朱泚后车驾还京大赦制》：“如无家可归者，（量）给田宅，使得存济。”

【成语释义】

没有家可回。指流离失所。

【举一反三】

近义词：流离失所；离乡背井

反义词：安居乐业

四

一鸣惊人

有这么一个成语啊，经常被今天的爸爸妈妈拿来给自己的孩子起名字。我教了七届学生，就遇到过三个——还是先讲故事吧！

在春秋时期，楚庄王即位，三年里毫无作为。忠心耿耿的臣子们就着急啊。可是谁都不敢去跟他提。为什么啊？古人说招惹君王，就像是摸老虎的胡须，你要是敢批评君王，那就更了不得了，是摸老虎的屁股。你敢摸老虎屁股不？我是不敢，我敢摸布老虎、纸老虎、塑料老虎……可是，总得有人去做这件事啊，要不国家衰败了，谁都不会有好处。

这时，一个聪明的人就想到了给楚庄王出谜语的办法。

“大王，有一只大鸟，色彩缤纷，很有威仪，可三年里却不飞也不叫。您说这是什么鸟呢？”

听话听声，锣鼓听音。楚庄王是多么聪明的人啊，一下子就明白了。

他很淡定地回答："这只鸟啊，一飞必定冲天，一鸣必定惊人。你回去吧，我知道你的意思了。"

结果呢？

半个月后，楚庄王就开始整顿朝纲，没过几年，就成了当时的霸主。

大家都明白我说的是什么成语了吧？在楚庄王的话里，有两个成语：一飞冲天和一鸣惊人。而我们最常用的，就是一鸣惊人。我教的学生里，有张一鸣、董一鸣，还有一个，叫李鸣飞，他们的名字都跟这个成语很有关系。

所有的爸爸妈妈啊，对自己的孩子都有着美好的祝福。希望我们不要辜负自己的天赋，希望我们有作为、有成就，希望我们能够在这个世界上发出自己的声音。

那么，怎样才能一鸣惊人呢？

这真是一个问题，不需要我来解答，而需要你来思考。

请记住，平常默默无闻不一定不好，而关键时刻能够令人叹服，那才是真的实力。

相信自己，能够做到——厚积薄发，一鸣惊人！

【成语溯源】

《韩非子·喻老》：“王曰：‘三年不翅，将以长羽翼；不飞不鸣，将以观民则。虽无飞，飞必冲天；虽无鸣，鸣必惊人。’”

【成语释义】

鸣：鸟叫。一叫就使人震惊。比喻平时没有突出的表现，一下子做出惊人的成绩。

【举一反三】

近义词：一举成名；一步登天；名满天下

反义词：身败名裂；臭名远扬；丢人现眼

五

一窝蜂

教师节的时候，学生们都想给老师送个礼物表达心意。那天，有位同事走进教室，看到讲台上摆满了小娃娃、贺卡、鲜花……老师觉得孩子们给老师送礼物，老师不能呼啦一下收一堆抱起来回办公室，连谢谢都顾不上说，辜负了他们的一片心意。所以她对孩子们说："同学们，请你们把礼物都先收回去，老师一个个收，一个个表示感谢，你们也不希望老师连你们精心准备的小礼物是什么都没弄清楚吧？"结果没有用，孩子们拿回礼物以后，根本不离开讲台，又一窝蜂似的争先恐后把礼物捧到老师面前。总不能让孩子们给老师送个礼物还挨个排队吧？也不能像收作业一样挨个去座位上收吧？

有一个小女孩儿就很聪明。她趁课间的时候敲门来办公室，说："老师，这是我亲手做的礼物，祝您节日快乐！"

这是这位老师在这个教师节收到的印象最深刻的礼物。可是我想，

对老师来说，最好的礼物是同学们的快乐成长吧！

送礼物不在于多贵重，而在于一份心意。一窝蜂似的去做某件事儿，往往会让你淹没在人群中，失去了自己的思考或判断。

总是一窝蜂似的跟着别人去做事儿，有时候你会忘了自己为什么去做这件事儿，甚至忘了自己是谁。所以别着急，凡事三思而后行。

【成语溯源】

明·吴承恩《西游记》第二十八回：“那些小妖，就是一窝蜂，齐齐拥上。”

【成语释义】

一个蜂巢里的蜂一下子都飞出来了。形容许多人乱哄哄地同时说话或行动。

【举一反三】

反义词：井然有序

造句：他们一窝蜂地拥向饭堂。

六

此一时，彼一时

某天跟一位孩子爸爸聊天，说起孩子上学的事儿来很感慨，说现在的小孩儿，除非家离得很近，否则家长放心让孩子自己上学的真不多。我记得很清楚，在十几年前，我教我的第一届学生的时候，有一个孩子叫徐存，在西郊住，打一年级起，每天早上自个儿坐六点钟的头班车来上学，七点半正好进班读书。那位孩子爸就说："是啊，我七岁的时候，一个人走两个小时的路去我姥姥家。人小，认不准路，走着走着迷路了，还让俩大孩儿逮着劫走了两块三毛钱。但是也不觉得害怕，就是问路，问着问着就摸到了。"我也赶紧王婆卖瓜——自卖自夸，说："可不咋地，我上小学四年级的时候，一到寒暑假，就自己回老家，先坐两趟公交车去火车站，然后乘长途车。到站之后，下车再转公交车，下车再走个四十分钟的样子，哎哟喂，总算看见家了，感觉那个亲啊。"

今天的小孩儿，能这么走的，不多。

不是说今天的孩子没那能力，而是家长不放心。也不能说家长不对，现在的这个环境，小心总没错。别的不说，出门在外，总得遇见车吧？别说放到三十年前了，就是放到十几年前，街上的车也没现在这么多。再说人，这世界上的确是好人多，可是万一碰见坏人呢？不怕一万，就怕万一。

这个事情让我想起了一个成语，叫“此一时，彼一时”，就是说，在不同的时间，哪怕是同样的事情，也会有不同的状况，万万不能同日而语，也就是当成一回事儿来看待，来处理。

世界，早已不是日新月异，而是瞬息万变，咱们不能总用老眼光、老办法啊。

【成语溯源】

《孟子·公孙丑下》：“彼一时，此一时也。五百年必有王者兴，其间必有名世者。”

【成语释义】

指时间不同，情况亦异，不能相提并论。

【举一反三】

造句：那不是此一时，彼一时嘛……现在的他真是让人刮目相看呢！

七

一如既往

说起做事儿来，什么最难？俩字儿，坚持。就说起床这件事儿，我曾经下过无数次决心：“我要五点起床！我要五点起床！我要五点起床！”重要的事情说三遍嘛，可是如果没有坚持，说一万遍也没用。那么，五点钟起床，我做到了吗？我……曾经做到了，得有两个月吧，基本上能保证。每次起床呢，我都会对自己说，你看，虽然前一秒钟你还困得睁不开眼睛，可是冰凉的毛巾往脸上一敷，顿时神清气爽啊。我还会对自己说，你看，虽然起得这么早是辛苦了一点儿，可是效率高啊，每天多了两个小时，就能多写三千字！道理啊，我是懂的；甜头呢，我也尝到了。可是两个月后，有那么一天，我起晚了。有了第一次呢，就有第二次，然后是第三次，再然后……好吧，我就多睡会儿，六点半起来也不迟。

那么，想知道今天的我是几点起床的吗？

七点半！

嘘，这是个秘密，不要告诉别人！不要告诉别人我未能一如既往坚持早起！

注意，重点来了。“一如既往”，指态度或行为没有任何变化，还是像从前一样。这个成语指的就是即使遇到了什么对做人做事儿有一些影响的事儿，也不为所动。

想到侃这个成语，跟我收听某个电台节目有关。那天，眼瞅着乌云遮盖了大半个天空，那雨点儿啊，跟黄豆似的，噼里啪啦，说下就下。我被困在路上，打开了收音机，就听见里面有个声音说：“各位天使大家好，我是一如，一如既往，为大家带来最新的路况信息。”这位主播有个好名字，“一如既往”，风雨无阻，更是一种令人佩服的敬业态度。

【成语溯源】

苏叔阳《第二次握手》：“清末以来，到海外求学的中国人何止千百，在学业上有成就的也大有人在。可是，中国又穷又弱的现状一如既往，丝毫无所改变。”

【成语释义】

一：完全；既往：从前，已往。指态度没有变化，完全像从前一样。

【举一反三】

近义词：始终如一；自始至终；一如曩昔

反义词：一反常态；一改故辙；改头换面

八

冰冻三尺，非一日之寒

夏天，大家都喜欢到池塘边玩儿，干嘛呢？把树叶放在水面上，当小蚂蚁的船；或者去捉水里的小金鱼，尽管怎么也捉不到。冬天，大家还喜欢来池塘边玩儿，干嘛呢？一到零度以下，这水面一定会结冰，人人都想捞块冰出来玩儿，那些低年级的“小豌豆”，还指着水里的鱼问：“王钢校长，那些鱼不冷吗？它们怎么没有结冰？”

鱼当然不会冷，也不会结冰。只是水面结了冰，下面并没有结冰啊。我要说的是，有个成语，就是用结冰这件事情来比喻一个道理。这个成语是“冰冻三尺，非一日之寒”。表面上看，意思是冰要达到三尺厚，也就是一米厚，那肯定不是因为一天的寒冷。这个成语，是比喻任何事情的成败，都不是一时半会儿的工夫就能造成的。举个例子，你跑马拉松拿了个第一，那是年复一年日复一日刻苦训练的结果，而不是心血来潮说跑就跑轻轻松松夺得冠军。还有，一到考试前，就流行一句话，“临阵磨枪，不快也光”。是，有点儿道理。你突击一下，甚至半夜里躲在被窝里打手电筒拼命背诵啊做题啊，提高几分的可能性还是有的，但是绝对没法跟那些平常就踏踏实实的同学相提并论。

不过，在《西游记》里，有一个片段，说的是一夜之间那通天河就结了冰，猪八戒还用九齿钉耙狠狠地凿了那么几下，冰是纹丝不动，只留了九个白印儿。于是师徒四人就放心大胆地走了上去。

结果呢？他们上了“灵感大王”的当，刚到河中心，那妖怪在下面使了个手段，冰破了，唐僧也被抓走了！

看看，不信“冰冻三尺，非一日之寒”的理儿？

光指望小聪明、碰运气，那肯定是要吃大亏的。

【成语溯源】

王充《论衡》：“故夫河冰结合，非一日之寒；积土成山，非斯须之作。”

【成语释义】

一种情况的形成是长时间累积造成的。

【举一反三】

近义词：滴水穿石

反义词：浅尝辄止

九

三过家门而不入

什么？有人告诉你成语都是四个字儿的？瞎说！绝对是瞎说！我就知道有很多三个字儿的、五个字儿的，还有七个字儿的成语！

举例？

举就举！你知不知道有个成语叫“三过家门而不入”？

相传在很久很久以前，大禹接受了治水的任务，这个任务绝对是光荣而又艰巨的。做好了，能够挽救千千万万的生命，能够造福千秋万代；做不好呢？吃力不讨好，还会掉脑袋。大禹的父亲鲧就是这么把命给丢了的。明知不可为而为之，这是大丈夫。大禹没有推辞，说干就干。他可不是躲在屋里画画图，再给手下的人下下命令就完了，而是亲自去勘察，做实实在在的研究，还亲自拿起工具来和大家一起砸石头挖沟，什么脏活累活要命的活都干，根本没有高高在上的架子。大禹啊，真的是全身心都扑到治水上了，不顾个人安危，也顾不上自个儿的家，连儿子出生他也不去看一眼。“三过家门而不入”，说的就是他的这种忘我精神。

【成语溯源】

《史记·夏本纪》："禹伤先人父鲧功之不成受诛，乃劳身焦思，居外十三年，过家门不敢入。"

【成语释义】

指夏禹治水的故事，比喻热心工作，因公忘私。

【举一反三】

近义词：三过其门而不入；大公无私

反义词：徇私枉法

十

牵一发而动全身

大概是在二十年前，我听说了一个词儿，觉得很神奇，叫“蝴蝶效应”。就是说美国气象学家洛伦茨（Lorenz）于二十世纪六十年代提交了一篇论文，名叫《一只蝴蝶拍一下翅膀会不会在得克萨斯州引起龙卷风？》。

要说这位科学家还真是有意思，研究气象的，竟然会关注一只蝴蝶，而且非常有想象力，会把一只蝴蝶的翅膀同一场横扫一切的风暴联系到一起！

我这辈子是没希望当科学家了，因为我连我早上为什么不能早早起床都想不明白。难道是因为北极的一头白熊打了个哈欠而使我的梦没有早早做完，因而没法痛痛快快地睁开眼睛？

蝴蝶效应，用咱们的成语来表达，“牵一发而动全身”比较准确。

讲个故事。

国王理查三世准备拼死一战了。他要铁匠给马钉上铁马掌。

铁匠钉了三只掌后，发现没有钉子来钉第四只掌了。

“好吧，就这样，”马夫叫道，“快点儿，要不然国王会怪罪到咱俩头上的。”

两军交锋，国王冲锋陷阵，迎战敌人。“冲啊，冲啊！”他喊着。可是，一只马掌掉了！战马跌翻在地，国王也被掀在地上。

国王还没有再抓住缰绳，惊恐的畜生就跳起来逃走了。理查三世环顾四周，他的士兵们纷纷转身撤退，敌人的军队包围了上来。

他挥舞宝剑，“马！”他喊道，“一匹马，我的国家倾覆就因为这一匹马。”

不一会儿，敌军俘获了理查三世，战斗结束了。

从那时起，人们就说：

少了一个铁钉，丢了一只马掌；
少了一只马掌，丢了一匹战马；
少了一匹战马，败了一场战役；
败了一场战役，失了一个国家。

这，就是牵一发而动全身。

【成语溯源】

宋·苏轼《成都大悲阁记》：“吾头发不可胜数，而身毛孔亦不可胜数，牵一发而头为之动，拔一毛而身为之变，然则发皆吾头，而毛孔皆吾身也。”

【成语释义】

比喻动极小的部分就会影响全局。

【举一反三】

近义词：一着不慎，满盘皆输
反义词：无关紧要；无关痛痒

十一

狡兔三窟

《战国策》里有这么一个很有传奇色彩的故事：冯谖，其貌不扬，投奔名满天下的孟尝君时，一身破衣裳，穿着草鞋，腰里那把剑连个剑鞘都没有。可是，他的口气还挺大，每隔两天就唱唱歌，说自己没有鱼肉吃，说自己出门没有马车坐，说自己的老母亲没有钱养活……孟尝君开始是没把他当回事儿，后来呢，就挥挥手，给他，他要什么就给他。哈哈，显然，这位公子是不差钱。再后来，孟尝君的门客达到了三千人，这天天吃吃喝喝不少花钱，孟尝君就派冯谖去薛地要账。结果呢？这个家伙看老百姓拿不出钱，干脆一把火把债券都烧了。他告诉孟尝君，你啊，什么都不缺，就缺情义，我烧的是债券，买回来的可是情义啊。听听，这是什么道理？孟尝君是有苦难言！

后来的事情证明，冯谖是一个真正有远见也有能力的人才。

孟尝君得意的时候，显不出冯谖的本事；可当他失意了，被撤了

职，薛地的老百姓扶老携幼来迎接他，他才意识到冯谖所说的“情义”是什么。这时，冯谖说了一句流传千古的话：“狡兔有三窟，仅得免其死耳；今君有一窟，未得高枕而卧也。”冯谖东奔西走，令魏国派了百辆车子载着千斤黄金请孟尝君做相国，让齐国的国君慌了神，也向孟尝君说好话请他回去再当相国。

这就是“狡兔三窟”的来历。兔子之所以能够屡屡逃生，有一点很重要，就是它们挖的洞总是不止有一个洞口。所以，多做准备，是聪明的。

【成语溯源】

《战国策·齐策四》：“狡兔有三窟，仅得免其死耳。”

【成语释义】

窟：洞穴。狡猾的兔子准备好几个藏身的窝。比喻隐蔽的地方或方法多。

【举一反三】

近义词：移花接木；掩人耳目

反义词：瓮中之鳖；坐以待毙

十二

三天打鱼，两天晒网

我写文章很快。早上来到学校，看到一个男孩子在抹眼泪。原来，他因为起晚了，被老妈唠叨了几句。眼看着都进校门了，他的心里还是不好受。这不，我一问起来，他的眼泪就又成了断了线的珠子。我抱抱他，安慰了几句，他总算是去洗了把脸，向教室走去。他一转身，我就坐下来打开电脑，把这件事儿给写下来，意思就是提醒大人们要接纳孩子的情绪，不要叮叮咣咣吵几句就拉倒，要不，孩子一整天都不快乐的可能性也是有的，哪儿还能安心学习啊？等上课铃打响，我已经写完了，一千二百字。

我写文章也很慢。慢到什么程度呢？《我们的非凡小学》每季三本，也就是十来万字吧，要是集中精力写，一个月也能写完，但是我总是写写停停，非得拖上一年不可！

所以，我的小读者们就留言给我表示抗议："你这是三天打鱼，两天晒网！”

“三天打鱼，两天晒网”多用来比喻做事儿没有恒心，不能坚持。在《红楼梦》中，这个词儿是用来形容“呆霸王”薛蟠的，是说他交了学费上学，可是根本不是在好好学习，而是想来就来，想走就走。

按照我们常人的理解，是不是天天打鱼才算是勤劳？

可是，如果是渔民来解释呢？

三天打鱼，两天晒网，其实是有道理的。打鱼可不是件容易的事儿，与风斗，与浪斗，与鱼斗，与水草斗……在打鱼过程中，渔网破损是不可避免的。尤其是长期浸泡在海水里，再结实的渔网也折腾不起。而经常晾晒，才能保证渔网的质量，正是为了打更多的鱼。

所以说，我们在说话、写作时使用“三天打鱼，两天晒网”可以批评人的三心二意。而在做事儿时，也得懂得“三天打鱼，两天晒网”的道理——“磨刀不误砍柴工”，表达的就是相似的意思。

【成语溯源】

清·曹雪芹《红楼梦》第九回："因此也假说来上学，不过是三日打鱼，两日晒网，白送些束脩礼物与贾代儒。"

【成语释义】

比喻对学习、工作没有恒心，经常中断，不能长期坚持。

【举一反三】

近义词：一曝十寒

反义词：坚持不懈；锲而不舍

十三

胡说八道

这个词儿可是有点儿不太美好，不太受人欢迎。你想，王钢老师认认真真做了准备，老老实实开口侃成语，可是没说几句，就被下了评语：“胡说八道！”那我会是什么感觉？奇了怪了！那感觉也必然是一盆冷水泼脸上，那心，绝对是哇凉哇凉的，太伤自尊了。

可是，你有没有想过，为什么是“胡说八道”，而不是“王说八道”，或者是“胡说九道”？

要不怎么说咱们中国文化那是博大精深，随便一琢磨，就是奥妙无穷。

胡，是古代对西、北部少数民族的称呼。也就是说啊，如果没有意外的话，古代用“胡”字组词，基本上都和少数民族有关。

有个很有影响的典故，叫“胡服骑射”，讲的是战国时期的赵武灵王，向少数民族学习，带头穿胡人的服装，学着胡人骑马射箭的事情。

他这么一改革可不简单，以前的中原战争，都是用战车，所以才有“千乘之国”这样的说法。而后来，中原纷纷发展骑兵，机动性大大加强，战斗力也大大提高。

有个很有名的曲子，叫《胡笳十八拍》，相传是东汉的蔡文姬这位大才女所作，她在战乱之中流落到了匈奴，嫁给了左贤王，生了两个儿女，在塞外生活了十二年。思念家乡的她，就作了这首曲子，而胡笳，正是匈奴的一种乐器。

“胡说”这个词儿呢，顾名思义，就是胡人说话的意思。你想，少数民族讲话，中原人当然听不懂了。“八道”，出自佛经，它主要论述通向涅槃的八种正确方法和途径。而听不懂佛法，又看不懂佛文的人，把胡人讲解佛经说成“胡说八道”。故后世以“胡说”“胡说八道”“一派胡言”等词语喻不可信。也有一种说法，“八道”，为纵横交错于古长安城内的东市、西市两大集市的八条道路。胡人常于长安城两集市间穿行叫卖，吵吵嚷嚷。生活于长安城的老百姓在市集道路间听着胡人叫得挺热闹，可是一个字儿也听不懂，故为“胡说八道”，后来逐渐演变为形容乱讲一通，无道理无根据的话语。

总算讲完了这个艰难的话题。

诸位，王钢老师侃成语，对你来说，算不算胡说八道？

【成语溯源】

宋·释普济《五灯会元·龙门远禅师法嗣》："秘魔岩主擎个义儿，胡说乱道，遂将一掴成齑粉，散在十方世界。"

【成语释义】

没有根据或没有道理地瞎说。

【举一反三】

近义词：胡言乱语；信口开河；胡说乱道

反义词：有凭有据；言之有据

十四

三折肱，为良医

我写过一篇校园故事，叫《舌头上起了一个小泡泡》。

蓬爸爸口齿利索：“可以用这些东西来冲茶或外敷治疗——苦瓜、苹果、核桃壳，蜂蜜、冰糖、月季花，可可、柿霜、六神丸、黑木耳、白菜根、莲子心、西瓜霜、芭蕉叶、西红柿、维生素 C、全脂奶粉、云南白药！”怎么听着跟说相声似的?

得，蓬蓬的嘴巴里要开小药店了！蓬妈妈给家里来了个大搜索，又敦促蓬爸爸上街跑了一大圈，硬是把这十八种东西弄齐了！

“我一样一样都给你用上，十八种东西总有管用的吧?要是都管用了，那不更好?你好得快，就少受点儿罪！儿子，你别嫌妈事儿多，这是为你好啊。我姥姥也就是你的太姥姥有句话啊，有福害手，无福害口！你这舌头一疼，肯定是饭也吃不香了，那不得把你饿瘦了！那可不行！”

看看，什么叫母爱？不就是一个小小的泡泡吗？让老妈紧张得好像和病魔做多么艰苦的斗争似的！

疼在儿子的舌头尖，更疼在妈妈的心头啊。

有很多小读者，读完了这篇故事之后，都问我：“你是怎么写出来的？也就是说，你怎么会想起来写口腔溃疡这件事儿，又怎么会想出来这十八种东西？总不会是没事儿就在网上瞎转悠，搜到什么就写什么吧？”

你们啊，真聪明。

写作，肯定是有个人经验的。我本人，就有过很多次口腔溃疡的痛苦体验。

那个难受哟！

所以，我也想尽了办法来治疗我的口腔溃疡！

一个在自己嘴巴里“开了小药店”的作者，就能够让自己的书中人物的嘴巴里“开小药店”！

有个成语，叫“三折肱，为良医”，说的就是个人经验的重要性。

注意，肱，就是胳膊肘到肩膀之间的部分。

当然，要爱惜自己的身体，不要为了成为良医而受伤……

【成语溯源】

《左传·定公十三年》：“三折肱知为良医。”

【成语释义】

几次断臂，就能知道医治断臂的方法。后比喻对某事阅历多，富有经验，成为内行。也指高明的医道。

【举一反三】

近义词：久病成医；九折成医

造句：他也算是三折肱，为良医了，对这个病所有的治疗方法都了如指掌。

十五

五体投地

如果你想表达对某个人的佩服之情，会怎么说？我太佩服你了，我很佩服你，我超级佩服你，我对你佩服得不得了，我对你的佩服之情如滔滔江水不可断绝，如巍巍高山看不到顶……

其实要说佩服呢，不一定非得这样讲！我就知道一个成语，是表示佩服的最高境界的，就是佩服得必须用肢体语言来表达，而且是最高礼节的那种。

哪一个成语？“五体投地。”

你会不会说：“哦……我知道啊。”是不是也有人说：“哦……我经常用啊。”拿我自己来说，就经常有人很真诚地对我说：“哇，我对你真是佩服得五体投地！”

当然，我也会对别人说：“哇，我对你佩服得五体投地！”最近一次，是对我们班的一个小男生说的，他是第一个在一年内背会了一百首古

诗词的学生，实话实说，我都不如他努力，所以他会背诵的一些诗词，我瞪着眼睛也背不出来。

问题是，你知道“五体投地”，你也经常用“五体投地”，包括你身边的大人们也经常用这个成语来表达自己的感情，可是，你真的确定自己知道“五体投地”是哪“五体”投地吗？

揭晓答案。

五体，在这里是指额头、双手和两个膝盖。

别急，别急，等我讲完了，你再试一试这个动作，体会一下那种崇拜到极点的虔诚。

那么，这个成语是从哪里来的呢？

你也许看到过那些到布达拉宫朝圣的人吧？他们是怎样从四面八方来到布达拉宫的呢？是无论千里万里，都要一路磕头。那是最标准的五体投地。是的，五体投地，是佛教中的最高礼仪。

实际上，我们的成语中，有很多是来自于佛教的。

像“一刹那”，像“天花乱坠”，甚至还有一个“杀人不眨眼”。

对，这个很可怕的成语也跟佛教有关。说的是一个杀人不眨眼的将军和一个不惧生死的和尚的故事。

真正的勇敢，来自于内心。对内心强大的人，才应该佩服得五体投地。

【成语溯源】

唐·玄奘《大唐西域记》："致敬之式，其仪九等：一发言慰问；二俯首示敬；三举手高揖；四合掌平拱；五屈膝；六长跪；七手膝踞地；八五轮俱屈；九五体投地。"

【成语释义】

两手、两膝和头一起着地。是佛教的一种最恭敬的行礼仪式。比喻佩服到了极点。

【举一反三】

近义词：心悦诚服；甘拜下风；顶礼膜拜；首肯心折

反义词：嗤之以鼻

十六

三纸无驴

有一次，上作文课，我给同学们出的题目是《委屈》。

明摆着，写这篇作文，就得从令人感到委屈的事儿入手，尤其是要写清楚“为什么委屈”和“委屈的感受”这两点。

有个男生，挺能写的，不只是写得快，而且写得多。一转眼，人家写完了，而且洋洋洒洒就是两大页。

我摸了摸他的头，兴致勃勃地看起他的作文来。没想到越看眉头皱得越紧。

怎么了？

他写自己高高兴兴地来上学，写自己交了作业受到了老师的表扬，写自己上书法课时把手给弄脏了，写老师叫他到办公室去订正错题……

就是没有一句话写到委屈。

我就猜，是因为手弄脏了而委屈，还是因为订正错题而委屈？问

题是，你不写出来，谁能猜得到？

我把小作者叫到跟前来，就给他讲了一个博士买驴的故事。

话说有位博士，哦，古代的博士跟现在的博士不一样，不是学位，而是官名——这位博士买了头驴。按照规矩，他得写一封文书，把买驴这件事儿给记录下来，算是一个凭证。

要是你，会怎么写？肯定是某年某月某日，某人自某人处购驴一头……

人家博士有学问，怎么能跟你想的一样？

这位博士拿起笔来，文不加点，那是龙飞凤舞。眼看着写了老半天，足足用了三张纸，人家还没写完！

大家伙儿也好奇啊，纷纷围过来看热闹。

这一看，大家伙儿就都乐了。

怎么了？

这位博士用了三张纸，可连一个“驴”字都没写上！啥意思？还没进入正题呢！

我对小作者说：“写作文啊，必须围绕中心来写，不能下笔千言却离题万里。像这位博士，学问再大，文笔再好，却不能把事情写明白，也不过是一个书呆子罢了。”

他点头，说：“这是不是就好比去吃饭，可是又是嗑瓜子又是吃糖果，半天了连根面条也没捞到嘴里？”

哈！孺子可教也！

【成语溯源】

北齐·颜之推《颜氏家训·勉学》：“邺下谚云：‘博士买驴，书券三纸，未有驴字。’”

【成语释义】

形容写文章废话连篇，不得要领。

【举一反三】

近义词：废话连篇

反义词：开门见山；直奔主题

十七

百读不厌

俗话说得好，“好书不厌百回读”。对此我深有体会。在我小时候，哪儿有今天的你这么幸福？你老爸老妈带着你到书店逛那么一圈儿，大包小包就能买一大堆书，让你高兴得抓耳挠腮。哦，对不起，抓耳挠腮那是孙悟空，他高兴的时候手舞足蹈，就忍不住抓耳挠腮了。我小的时候，最喜欢的书是《爱迪生》。那会儿我还奇怪呢，说这个爱迪生怎么会说不上学就不上学了？怎么会有那么多奇思妙想成为发明大王？最奇怪的是，他怎么就姓“爱”？这本书啊，我是从小学三年级时开始读的，一直到上初中了，才非常不舍地送给了我的妹妹，还千叮咛万嘱咐，让她一定要好好读，不要弄破了弄丢了。她倒是没弄破也没弄丢，而是送人了！我知道了之后，心疼啊，嘟囔了她好几天，让她也觉得委屈：“有啥心疼的，都那么旧了！”

她啊，不懂我对这本书的感情。她不知道我每天把这本书放在枕头边，她不知道我把书里的故事绘声绘色地给我的小伙伴讲了多少遍，她不知道我写作文的时候也经常会引用爱迪生的某个故事某句话。

这，就是“百读不厌”。

大概是在七年前吧，我在郑州市购书中心，看到有位带着孩子的妈妈，正饶有兴致地翻看着绘本。那会儿，对于大家来说，绘本还是很新鲜

的。我记得，她当时翻的应该是《猜猜我有多爱你》。几分钟翻完了，她看看封底的价钱，皱皱眉，就转身离开了。

我对她说："这本书很好，为什么不买呢？"

她觉得我这人很奇怪，说："可是太贵了，就那么一点儿字儿，就三十多块钱一本？"

如果这位妈妈知道，一本好书可以让孩子百读不厌，更重要的是在这百读不厌的过程中播下了一颗爱的种子，那么，她还会嫌贵吗？

每一本书，都有定价。但是，一本好书，是无价的。

【成语溯源】

宋·苏轼《送安惇秀才失解西归》诗："旧书不厌百回读，熟读深思子自知。"

【成语释义】

厌：厌烦，厌倦。读一百遍也不会感到厌烦。形容诗文或书籍写得非常好，不论读多少遍也不感到厌倦。

【举一反三】

近义词：百闻不厌；手不释卷

反义词：味同嚼蜡；索然无味

十八

千钧一发

说起大力士，就不能不提到西楚霸王项羽。他的力气有多大呢？相传，秦朝末年，农民起义，风起云涌，二十四岁的项羽和叔父项梁也拉了一支队伍造反。为了扩大力量，项梁派项羽去联络桓楚，说：“我们英雄你好汉，咱们合伙干不干？”桓楚趾高气扬地说：“你能敌万人，我们就服你。院中有一大鼎，足千斤，你能举得起吗？”项羽先让桓楚手下四名健壮的大汉一起举鼎，然而大鼎却像生了根似的丝毫未动。然后，他自己撩起衣襟，大步走到鼎前，握住鼎足，运起力气大喝一声“起”！这大鼎啊，立即被高高举起，而且三起三落！这下，小伙伴们都惊呆了！这个故事啊，就叫“霸王举鼎”。在今天的江苏省宿迁市，有一个霸王举鼎广场，就是把这一形象作为城市的标志性建筑。对了，项羽虽然是一位赳赳武夫，却也有点儿文才，还写下了一首流传千古的诗，头一句，“力拔山兮气盖世”，听听，人家连山都能拔起来，那真是盖世英雄!

问题来了——你说，项羽的力气这么大，能把自己举起来吗？不是开玩笑，我上初中的时候，真遇到过这样一道物理题，是说，如果项羽揪着自己的头发——注意，古人的头发都是挺长的，一般不剪，只有和尚和罪犯才会剪头发——能把自己给提溜过江吗？哈哈，答案当然是不能了。我啊，就因为项羽的力气，而想到了一个成语，就因为这个成语而浮想联翩。什么成语呢？“千钧一发”。

千钧一发，指千钧重物用一根头发系着，比喻情况万分危急或异常要紧。《汉书》里写道：“夫以一缕之任，系千钧之重，上悬无极之高，下垂不测之渊，虽甚愚之人，犹知哀其将绝也。”翻译一下，就是说千钧一发这种事儿，哪怕是最笨的人，也知道那是必断的。普及一下，

钧，是古代的一种重量单位，一钧，相当于今天的三十斤（十五公斤），你的体重如果是六十斤（三十公斤），放到古代就是两钧。我呢，我的体重就保密了。

我的问题是，一根头发究竟能承受多少重量？

据说，亚洲人的一根头发，能够承受一百克的重量。而一头头发，可以承受十二吨！是不是不听不知道，一听吓一跳？待你长发及腰，拉动十辆轿车！

【成语溯源】

《汉书·枚乘传》："夫以一缕之任系千钧之重，上悬无极之高，下垂不测之渊，虽甚愚之人犹知哀其将绝也。"

【成语释义】

比喻情况万分危急。

【举一反三】

近义词：危在旦夕

反义词：安然无恙；安如磐石

十九

百无聊赖

今天我问我可爱的学生们，放假在家是不是很开心，可是好多同学的回答却是“玩儿游戏好开心”“抢红包好开心”“听老师侃成语很开心”。我一直希望我的学生能够活在当下。什么是活在当下呢？就是做什么事情的时候就只想着做好这一件事情。就像爸爸在陪你的时候，一定要把手机放下，看也不看一眼！手机，只能在有必要的时候用用，或者在百无聊赖的时候看看，而在我们的生活如此充实的时候，它只能成为影响我们的坏东西！

所以我特别想跟你们聊聊“百无聊赖”这个成语！

为什么我会想到讲这个成语呢？就在刚才，我坐在公交车上，一低头，瞅见有个孩子妈妈发了几句话在朋友圈。奇了怪了！写的什么呢？“回到家，照例是忙碌，收拾爷俩的狼藉一片。小盆（朋）友到卫生间慰问正在洗衣服的我：‘妈妈，我真是羡慕你，你那么充实，不像我和爸爸这么无聊……’”

唉，亲爱的小朋友，我猜你的妈妈有时候也特别想无聊一会儿！

无聊，就是好像没什么事儿可做，特没意思，用成语来表达，叫“百无聊赖”。注意，这个“赖”字，是耍赖的赖，是“最喜小儿无赖，溪头卧剥莲蓬”的那个赖，但是在这里的意思，是依靠、寄托。有一位诗人，曾这样写道：“百无聊赖作词人，尽许闲愁集一身。”这是人家的自嘲，意思是说，我啊，百无一用是书生，没什么本事，没什么正事儿，所以只能做一个填词写诗的

人，让自己没事儿就万般愁绪无处倾诉……

那么，你在百无聊赖的时候，会做什么呢？

我小时候，是看蚂蚁。放学回家，家里没人，进不了门，怎么办？蹲在树底下，看蚂蚁们走来走去，看蚂蚁们互相用触角打招呼，看蚂蚁们围着一个烂苹果忙个不停。后来，我听说在农村，人们也常说："忙啥啊？看蚂蚁上树。"我就问："怎么，大人也会看蚂蚁上树？"人家就笑话我，说："不是那个意思，不是真的看蚂蚁上树，而是说没什么事儿，就像是在看蚂蚁上树一样。"

看看，咱们中国的语言是多么有意思。无聊，是通俗的说法；百无聊赖，是很书面的说法。而"看蚂蚁上树"，是非常形象、非常接地气儿的说法。

我希望你真的觉得无所事事的时候，看会儿书，还有，建议你的老爸老妈放下手机，同你一起捧起书来。

【成语溯源】

汉·蔡琰《悲愤》诗："为复强视息，虽生何聊赖。"

【成语释义】

聊赖：依赖。精神上无所寄托，感到什么都没意思。

【举一反三】

近义词：兴味索然；心灰意冷；万念俱灰

反义词：兴高采烈；怡然自得

二十

智者千虑，必有一失

什么样的老师是好老师？这个标准可以有很多，比如要微笑，要有学识，要公平……还有一个标准我认为很重要，就是要敢于说“我不知道”，或者是“我错了”。

别小看这么两句话，多少老师就是说不出这么两句看似寻常的话。

为什么？

因为在我们的观念里，老师似乎是无所不知无所不晓的，古人讲“天地君亲师”，那是把老师放在一个很高的位置的。有的老师就转不过这个弯了，说我是老师，我是传授知识的，我怎么会被学生问倒呢？我又怎么会犯错呢？

唉，亲爱的老师，你也是人啊。庄子曾说“吾生也有涯，而知也无涯”。朱德总司令也说了，“活到老，学到老，还有三分学不到”。谁能保证自己是万事通，是难不倒呢？

我本人，就曾经犯过无数次错误。举个例子，你一定会笑我。“突然”的“突”，你会写吧？上面是个穴字头，也就是洞穴的意思，下面是个犬，就是狗啊。想想看，一条狗从洞里蹿出来，是不是突如其来，吓人一跳？可是，我把这个字写错了二十一年！不对不对，我七岁以前还没上学，没写过这个字……嗯，二十一减去七，我写错了十四年。我是怎么写的呢？上面是个穴字头，下面是“逃之夭夭”的“夭”。我至今还记得那一天，我站在讲台上，我把“突然”写到黑板上，然后卷起袖子准备讲课，这时，一个小姑娘怯生生地举起手来。我一愣：“哦？你，有问题吗？”她点点头：“老师，你写错了。”我的脑袋顿时就是嗡的一声，什么，我写错了？就在那一瞬间，我懂得了什么叫想找个地缝钻进去！

“智者千虑，必有一失”这个成语的意思，是不管多聪明的人，在很多次的考虑中，也一定会出现个别错误。其实，还有下半句：“愚者千虑，必有一得。”

【成语溯源】

《晏子春秋·内篇杂下》：“圣人千虑，必有一失；愚人千虑，必有一得。”

【成语释义】

不管多聪明的人，在很多次的考虑中，也一定会出现个别错误。

【举一反三】

近义词：百密一疏

反义词：环环相扣；分毫不差

二十一

百尺竿头，更进一步

给学生写评语，常常会用“百尺竿头，更进一步”来表达期待，意思是你已经取得了一定的成绩，但还是应该更加努力。细细品来，是既有表扬，也有鞭策。那么，为什么会有这么一个成语呢？

我查了查资料，发现有两种说法。一个是比较高深的，说的是宋朝的一位高僧这样诠释自己对修行的理解：“百尺竿头须进步，十方世界是全身。”另一个就比较好玩儿了，说的是唐朝时，有位女子表演顶竹竿的绝活：“善戴百尺竿，竿上施木山，状瀛洲、方丈，令小儿持绛节出入于其间，歌舞不辍。”

显然，在古人看来，“百尺竿头”，是挺高的了。

做个算术题。

已知三尺等于今天的一米，那么，一百尺相当于今天的多少米呢？

（我知道你的数学比我好……）

又，已知今天的楼房，每层约为三米高，那么，一百尺又相当于今天的多少层楼房呢？

算出来了吧？

十一层楼，还真是挺高啊。想想看，那位艺人能够头顶这么高的竹竿，确实是了不起！

可是在高楼大厦鳞次栉比的今天，百尺竿头，又不算很高了。世界第一高楼，目前是迪拜的哈利法塔，高八百二十八米！

那么，“百尺竿头，更进一步”，是不是越高越好？

我想，我们应该弄清楚一个常识。

树长得越高，根就扎得越深，实际上是树的根扎得越深，才能长得越高。这是大自然中的道理。

而建筑呢？我们在仰视它的高度时，不要忘记了它在地下有着坚

实的地基。

一个人也是如此。

怎样才能“百尺竿头，更进一步”？

我们要努力向上，没错。但是，“唯有埋头，才能出头”。不经一番寒彻骨，哪得梅花扑鼻香？心，得沉下去；脚，得站稳了！

【成语溯源】

宋·释道原《景德传灯录》卷十：“师示一偈曰：‘百丈竿头不动人，虽然得入未为真。百尺竿头须进步，十方世界是全身。’”

【成语释义】

佛家语，比喻道行、造诣虽深，仍需修炼提高。也比喻虽已达到很高的境地，但不能满足，还要进一步努力。

【举一反三】

近义词：再接再厉

反义词：每况愈下；固步自封

二十二

万家灯火

每天晚上，你和爸爸妈妈会做些什么呢？读书？画画？下棋？我们家啊，经常一起散步。我发现，散步的时候，人的心情就会很舒畅，就会情不自禁地说说话，心的距离自然拉近很多。我的女儿比我更喜

欢散步，她会蹲下来寻找草丛中的蟋蟀，会躺在路边的大石头上看星星，会像一阵风似的跑上斜坡再跑下来，而她最喜欢的游戏就是把我当成木头人来指挥：“立正！抬头！挺胸！收腹！嘿嘿嘿，我说老爸，你怎么这么不听话？我没让你撅屁股！”

我现在想和你聊的这个成语啊，就是我在一个晚上散步时，走着走着，脑海中忽然冒了出来的。

什么是万家灯火？晚上，请登上高楼，或爬到山顶，或是坐在飞机上，看那城市里星星点点的灯光吧。那样的情景，让人感到温暖、美好。

我常常忍不住浮想联翩。

那一扇扇明亮的窗子里面，是一个个怎样的家？那一个个家庭里的人们，在过着怎样的生活？他们会怎样讲话，会怎样笑，他们的厨房里会飘出怎样的香味儿，他们会不会高兴起来就手挽着手翩翩起舞？

我查了查“万家灯火”的出处，竟然是从白居易的一首诗而来：

灯火万家城四畔，星河一道水中央。

后来的王安石也喜欢这个词：

车马纷纷白昼同，万家灯火暖春风。

很美，不是吗？

大概是前年春天吧，我听刘良华教授讲家庭教育。他讲了这么一句话："好爸爸的标志之一，就是回家吃晚饭。"仔细琢磨，可不是吗？晚饭的意义，不只是一顿饭，而是意味着一家人聚在一起，团团圆圆，意味着父母和孩子之间的交流，和和美美。

真喜欢，万家灯火。

【成语溯源】

白居易《江楼夕望招客》："灯火万家城四畔，星河一道水中央。"

【成语释义】

家家点上了灯。指天黑上灯的时候。也形容城市夜晚的景象。

【举一反三】

近义词：灯火辉煌

反义词：灯火阑珊

二十三

三令五申

“三令五申”这个成语，如今经常出现在一些很正式的场合，比如说新闻联播。比如说党和政府三令五申，要提高教师待遇，要改善办学条件，要加强未成年人思想道德建设等。没错，这是一个挺严肃挺正式的词儿，而我们如果追本溯源，找到这个成语诞生的那一刻，那就更得严肃认真了。因为，三令五申，同战争有关，它的诞生是一个一点儿也不好玩儿的故事。

春秋时期，孙武携带自己写的《孙子兵法》去见吴王。吴王看过之后说：“你的十三篇兵法，我都看过了，能否拿我的军队试试？”孙武说可以。吴王再问：“用女子来试验可以吗？”孙武也说可以。

于是吴王召集宫中美女，请孙武训练。孙武将她们分为两队，用吴王宠爱的两个女子为队长。队伍站好后，孙武提出了操练的要求，并下达命令，怎知众女兵不但没有依令行动，反而哈哈大笑。

孙武见状说："解释不明，交代不清，应该是将官们的过错。"于是又详尽地向她们解释一次。再击鼓发出号令。众女兵仍然只是大笑。孙武便说："既然交代清楚而不听令，就是队长和士兵的过错了。"说完命左右把两个队长推出斩首。看热闹的吴王可坐不住了，急忙派人向孙武讲情，可是孙武说："我既受命为将军，将在军中，君命有所不受！"遂命左右将两位队长斩了。自此以后，众女兵无论是向前向后，还是向左向右，甚至跪下起立等复杂的动作都认真操练，再不敢儿戏了。

后来，人们把孙武向女兵再三解释的做法，引申为"三令五申"，即反复多次向人告诫的意思。

【成语溯源】

西汉·司马迁《史记·孙子吴起列传》："约束既布，乃设铁钺，即三令五申之。"

【成语释义】

令：命令；申：表达，说明。多次命令和告诫。

【举一反三】

近义词：发号施令；千叮万嘱

反义词：敷衍了事